초등 문해력·어휘력을 키우는 하루하루 가로세로 낱말퍼즐!

하루하루
가로세로 낱말퍼즐
초급

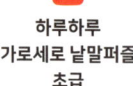

하루하루
가로세로 낱말퍼즐 초급

초판 4쇄 **발행** 2024년 11월 20일
초판 1쇄 **발행** 2024년 5월 20일

지은이	책봄
그림	박윤희
기획	김은경
편집	이지영
디자인	IndigoBlue
성우	정은혜
영상	BRIDGECODE

발행인	조경아
총괄	강신갑
발행처	랭귀지북스
주소	서울시 마포구 포은로2나길 31 벨라비스타 208호
전화	02.406.0047　**팩스**　02.406.0042
이메일	languagebooks@hanmail.net
등록번호	101-90-85278　**등록일자**　2008년 7월 10일

ISBN 979-11-5635-224-2 (73700)
값 14,000원

ⓒLanguagebooks, 2024

이 책은 저작권법에 따라 보호받는 저작물이므로 무단 전재와 무단 복제를 금지하며,
이 책 내용의 전부 또는 일부를 이용하려면 반드시 저작권자와 랭귀지북스의 서면 동의를 받아야 합니다.
잘못된 책은 구입처에서 바꿔 드립니다.

시작이 즐거우면 끝까지 앞서갑니다.
교과 학습의 기초를 닦아 학교 공부에 자신감을 심어 주는
< 하루하루 가로세로 낱말퍼즐 > 초급편

우리 아이는 오늘 학교에서 어떻게 보냈을까요?
얼마큼 발표 잘하고, 글 잘 쓰고, 선생님 말씀에 집중했을까요?
문해력과 독해력에 대한 관심이 높아지며 많은 부모님들이
스마트폰보다는 아이가 책 읽는 시간을 늘려 주기 위해 애씁니다.

그럼에도 왜 아이들은 여전히 교과서와 수업에 심드렁할까요?
책에 나오는 어휘를 알아듣지 못하면, 선생님 말씀이 외계어로 들리고
학교에 앉아 있어도 속으로는 멍하니 딴짓하는 시간만 쌓이고 맙니다.
학교 공부에 흥미를 갖고 주도적으로 임하기 위해
어휘력의 중요성은 아무리 강조해도 지나치지 않죠.

< 하루하루 가로세로 낱말퍼즐 >은
콘셉트 기획부터, 어휘 선별, 퀴즈와 힌트 문장 하나까지
철저하게 초등 교과서의 구성과 흐름을 따랐습니다.
또한 사전식으로 몇 장 공부하지 못한 채 방치되거나,
이 어휘를 왜 배워야 하는지 개연성 없이 나열에 그치는 교재들은
지루함이 느껴진다는 현장의 피드백을 적극 반영하여,
최대한 어린이들이 재미와 놀이로 접근할 수 있도록 구성하였습니다.
우리 아이들이 제대로 듣고, 읽고, 말하고, 쓰는 능력의 기초를 닦는 데
도움이 되길 소망합니다.

활용법

● **날짜 쓰기**
하루에 하나씩, 퀴즈 푼 날을 쓰며 학습 습관을 길러요.

● **[반의어]**
뜻이 반대되는 말을 함께 익혀요.

● **[힌트]**
알쏭달쏭할 땐 힌트를 참고해 보세요.

● **[유의어]**
뜻이 서로 비슷한 말을 함께 익혀요.

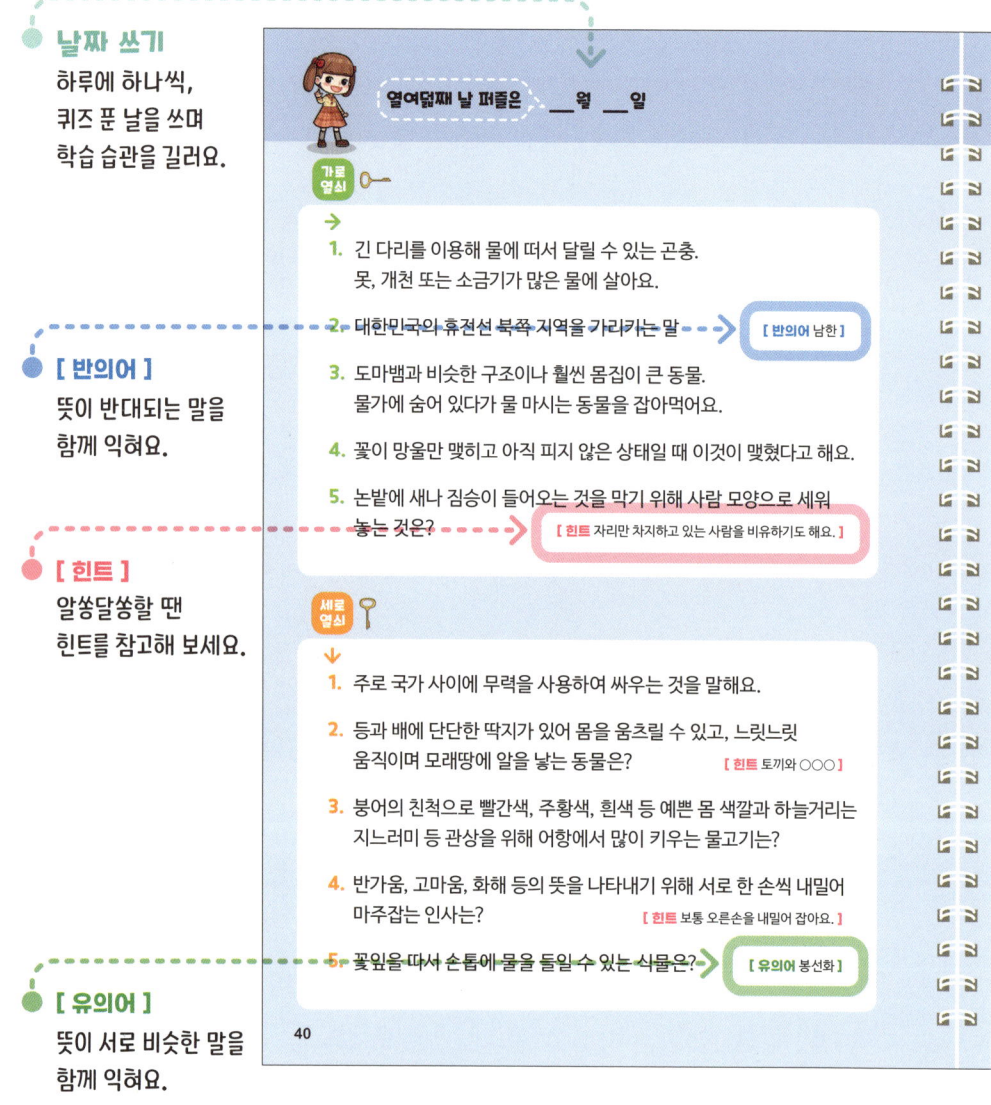

열여덟째 날 퍼즐은 __월 __일

가로 열쇠

1. 긴 다리를 이용해 물에 떠서 달릴 수 있는 곤충. 못, 개천 또는 소금기가 많은 물에 살아요.
2. 대한민국의 휴전선 북쪽 지역을 가리키는 말 [반의어 남한]
3. 도마뱀과 비슷한 구조이나 훨씬 몸집이 큰 동물. 물가에 숨어 있다가 물 마시는 동물을 잡아먹어요.
4. 꽃이 망울만 맺히고 아직 피지 않은 상태일 때 이것이 맺혔다고 해요.
5. 논밭에 새나 짐승이 들어오는 것을 막기 위해 사람 모양으로 세워 놓는 것은? [힌트 자리만 차지하고 있는 사람을 비유하기도 해요.]

세로 열쇠

1. 주로 국가 사이에 무력을 사용하여 싸우는 것을 말해요.
2. 등과 배에 단단한 딱지가 있어 몸을 움츠릴 수 있고, 느릿느릿 움직이며 모래땅에 알을 낳는 동물은? [힌트 토끼와 ○○○]
3. 붕어의 친척으로 빨간색, 주황색, 흰색 등 예쁜 몸 색깔과 하늘거리는 지느러미 등 관상을 위해 어항에서 많이 키우는 물고기는?
4. 반가움, 고마움, 화해 등의 뜻을 나타내기 위해 서로 한 손씩 내밀어 마주잡는 인사는? [힌트 보통 오른손을 내밀어 잡아요.]
5. 꽃잎을 따서 손톱에 물을 들일 수 있는 식물은? [유의어 봉선화]

가로세로 퀴즈

번호에 해당하는 가로 열쇠와 세로 열쇠의 퀴즈를 풀어 보세요.
정답이 떠오르면 퍼즐에 적어 가며 차근차근 완성해요.

활용법

[유튜브 영상]
QR 코드를 스캔하면 가로세로 낱말퍼즐을 영상으로 만날 수 있어요.

● **스프링북**이라 쓰기에 편리해요.

● **연두색** 숫자는 **가로 열쇠**

● **주황색** 숫자는 **세로 열쇠**

정답 p.114

초성 퀴즈 사자성어

너만은 나를 믿어 주니 ㅊㄱㅁㄷ 를 얻은 것보다 든든하다.

41

● **초성 퀴즈 사자성어**
문장을 읽고 사자성어를 완성하세요.
귀여운 그림으로 흥미를 높이고, 예문을 통해 문해력도 길러요.

첫째 날 퍼즐은 ___월 ___일

가로 열쇠 🗝

→

1. 소풍이나 캠핑 갔을 때, 잔디밭 등 바닥에 앉기 전 까는 것은?

2. 여러 가지 색깔로 되어 있으며, 접거나 오리고 붙이며 노는 종이는?

3. 나무 인형으로 태어나 사람이 되는 소년의 이름은?
   거짓말을 하면 코가 길어져요.
   [힌트 제페토 할아버지가 만들었어요.]

4. 열이 나고 코막힘, 기침이 나며 겨울에 잘 걸리는 것은?
   [힌트 콜록콜록]

세로 열쇠

↓

1. 올챙이가 크면 무엇이 될까요?
   [힌트 개굴개굴 울어요.]

2. 집 밖에 가까운 곳에 바람을 쐬는 등 잠시 다녀오는 일

3. 축구나 하키 등에서 골을 지키는 선수

4. 그림을 그릴 때 색을 칠하는 도구 중 하나로, 물이나 기름 등에 풀어서 써요.

초성 퀴즈

사자성어

방학에 어린이 캠프를 가면 여행도 되고 친구도 사귀니
ㅇㅅㅇㅈ 지 뭐.

 둘째 날 퍼즐은 __월 __일

→

1. 승부나 차례 등을 미리 적어 놓고 뽑아서 정하는 일
   [**힌트** 첫 두 글자는 새 이름으로 시작해요.]

2. 우리나라의 국화는?

3. 동그랗게 생긴 모양 또는 물체

4. 횡단보도를 건너기 위해 빨간불인지 파란불인지, 몇 초가 남았는지 보아야 하는 것은?
   [**유의어** 신호불]

↓

1. 미리 마련하여 갖추어 놓는 물건을 가리켜요.
   여행을 가기 전이나 학교에서 만들기를 하는 전날에 잘 챙겨야 해요.

2. 서양식 활쏘기로, 우리나라가 올림픽에서 강한 종목 중 하나예요.

3. 운동할 때 또는 평상시에 활동하기 편하게 신는 신발

4. 바닷가나 섬에 높이 세워 불을 켜고 뱃길을 안내하는 시설
   [**힌트** 이곳을 지키며 관리하는 사람을 등대지기라고 해요.]

초성 퀴즈
사자성어

두 사람은 처음 만났지만, 마치 ㅅㄴㅈㄱ 나 되는 것처럼 다정하게 이야기를 주고받았다.

 p.112

셋째 날 퍼즐은 ___월 ___일

가로 열쇠

➡

1. 주황색을 띤 채소. 김밥, 카레 등 여러 가지 요리와 반찬으로 먹어요.
   [유의어 당근] [힌트 토끼와 말도 이것을 잘 먹어요.]

2. 잎보다 노란 꽃이 먼저 피는 식물.
   진달래와 함께 대표적인 봄꽃이에요.

3. 전남 진도에서 나는 우리나라 특산종이며 천연기념물로 지정된 개는?
   [유의어 진도견]

4. 깡충깡충 점프를 잘하는 동물로, 귀가 길고 크며 꼬리는 짧아요.

5. 다람쥐가 좋아하는 열매. 사람들은 묵을 쑤어 먹기도 해요.

세로 열쇠

⬇

1. 비가 그치면 볼 수 있는 빨주노초파남보의 반원 모양

2. 울려 퍼져 나가던 소리가 부딪쳐 되울려 오는 소리
   [힌트 야호]

3. 물에서도 몸이 뜰 수 있도록 만든 조끼는?

4. 환자의 몸 안에서 나는 소리를 듣는 데 쓰는 의료 기구는?

5. 샐러드나 주스로 먹기도 하며, 케첩이나 파스타 소스의 재료로 많이 쓰이는 채소는?
   [힌트 첫 글자와 마지막 글자가 같아요.]

초성 퀴즈
사자성어

그는 그 어떤 ㄱㅇㅇㅅ 에도 절대 속아 넘어가지 않고, 친구와의 의리를 지켰다.

 넷째 날 퍼즐은 ___월 ___일

가로 열쇠

→

1. 나무의 줄기에서 뻗어 나는 가지는?

2. 꽃이 피는 풀과 나무 또는 관상용 식물을 통틀어 이르는 말

[유의어 화초]

3. 다리를 고쳐 준 흥부에게 금은보화가 든 박씨를 물어다 준 새는?

4. 비행기를 타고 내리기 위해 가야 하는 곳은?

5. 큰 돌을 몇 개 세우고 그 위에 넓적한 돌을 덮어 만든 선사 시대 무덤의 이름은?

[힌트 이 무덤을 만들 때처럼, 아래를 받쳐 안정시키는 동작을 '고이다'라고 해요.]

세로 열쇠

↓

1. 덩굴을 감고 올라가며, 나팔 모양의 꽃을 피우는 식물은?

[힌트 꽃말은 '기쁜 소식']

2. 날아다니며 꽃의 꿀을 빨아 먹는 곤충으로, 긴 대롱처럼 생긴 입과 두 쌍의 날개를 가진 것은?

[힌트 노랑○○, 배추흰○○ 등이 있어요.]

3. 땔나무를 하는 사람

[힌트 선녀와 ○○○]

4. 공기놀이에 쓰는 작은 돌. 요즘엔 대부분 플라스틱으로 되어 있어요.

초성 퀴즈

사자성어

사람들이 여기저기 ㅅㅅㅇㅇ 모여서, 소문에 대해 숙덕거리고 있다.

정답 p.112

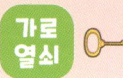 다섯째 날 퍼즐은 ___월 ___일

가로 열쇠

1. 어머니의 남자 형제를 뜻해요.

2. 날씨가 추우면 아래로 흐르던 물이 길고 뾰족하게 얼어붙어서 이것이 돼요.

3. 사람이나 동물 모양으로 만든 장난감은?

4. 개울이나 연못에 드문드문 돌이나 흙더미를 놓아 만든 다리는?

5. 기쁘고 만족스러우며 무척 기분 좋은 느낌

세로 열쇠

1. 트라이앵글, 삼각김밥, 옷걸이와 같은 모양을 한 도형의 이름은?

2. 두 개의 사다리 사이에 사다리 모양의 다리를 놓아 놀이나 운동을 할 수 있게 만든 기구는?

3. 다리가 열 개인 수중 생물로, 빨판으로 먹이를 잡고 적을 만나면 먹물을 뿜어요.

[**힌트** 분식집에 가면 나는 ○○○튀김을 꼭 먹는다.]

4. 부채 모양을 한 잎으로, 가을이 되면 노랗게 물드는 특징이 있어요.

초성 퀴즈
사자성어

영화의 시작은 화려한 특수 효과와 액션으로 인상적이지만, 결말은 흐지부지 ㅇㄷㅅㅁ로 끝난다.

여섯째 날 퍼즐은 ___월 ___일

가로열쇠

→

1. 별 또는 오각형 모양의 바다 생물로, 모래펄에 서식하며 몸이 잘려도 다시 재생되는 특징이 있는 것은?

2. 눈발이 굵고 탐스럽게 펑펑 내리는 눈은?

3. 18세 때 3·1운동에 참가하고 천안의 아우내 장날을 기하여 만세 운동을 벌인 여성 독립운동가는?

4. 식물의 수분과 양분을 빨아올려 줄기와 잎이 만들어지도록 하는 기관은?

[힌트 사물이나 현상의 근본을 비유하기도 해요. 우리 민족의 ○○는 단군 왕검이지요.]

세로열쇠

1. 잘 때 포근하게 몸을 덮는 것은?

2. 학교에서 각자 물품을 넣어 둘 수 있게 만든 것은?

3. 오래된 자료나 유물, 예술품을 진열하고 전시해 두는 장소는?

4. 한 개의 통나무로 놓은 다리를 무엇이라고 할까요?

[힌트 원수는 ○○○○○에서 만난다.]

초성 퀴즈
사자성어

비가 억수같이 내려 산을 오르기 어려웠는데, 해가 지면서 ㅅㅅㄱㅅ 으로 주위마저 어두워지기 시작했다.

 일곱째 날 퍼즐은 ___월 ___일

가로 열쇠

➡

1. 지난날의 잘못을 고쳐 착하게 바뀜을 나타내는 사자성어는?

2. 물이나 음료를 빨아 먹을 때 쓰는, 길쭉하고 동그랗게 생긴 것은?
   [**힌트** 음료를 포장할 때, 플라스틱 ○○보다는 종이 ○○를 쓰는 추세예요.]

3. 다리가 아프거나 걷기 힘든 사람들이 짚는 막대기는?

4. 그림에 여러 가지 색을 부드럽게 칠할 수 있는 연필은?

세로 열쇠

1. 매우 다행스러울 때 이만하면 무엇이라고 하나요?
   [**반의어** 불행]

2. 멀리 내다볼 수 있도록 높이 만들어 놓은 대는?

3. 축하 또는 기념행사에서 화약류를 공중으로 쏘아 형형색색의 불꽃을 일으키는 것은?

4. 잘 익은 딸기의 색깔은?

초성 퀴즈
사자성어

ㅊ ㄱ ㅁ ㅂ 의 가을에는 날씨가 선선하고 단풍도 예쁘게 물들어서 산행하기에 좋다.

 p.113

 여덟째 날 퍼즐은 __월 __일

가로 열쇠

1. 바나나를 좋아하며 엉덩이가 빨갛다는 노래로도 알려진 동물은?

2. 입을 다문 채 코로 소리를 내어 부르는 노래는?   [**유의어** 허밍]

3. 뜻, 결심을 굳게 가다듬어 정하고 마음에 새김
   [**힌트** 올 새해 ○○은 하루에 2시간 이상 유튜브 보지 않기예요.]

4. 착한 콩쥐가 못된 팥쥐의 구박에도 어려움을 이겨 내는 줄거리의 전래동화는?

5. 개인이나 단체, 관직 등의 이름을 재료에 새겨 문서에 찍도록 만든 것은?
   [**힌트** 조각칼로 지우개를 파서 나만의 ○○을 만들었어요.]

세로 열쇠

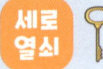

1. 이사할 때 옮기는 짐을 무엇이라고 하나요?

2. 코에 뚫린 두 개의 이것은?
   [**힌트** 감기에 걸리면 이곳으로 콧물이 나와요.]

3. 꼬리가 통통하고 나무를 잘 타며, 도토리를 좋아해서 볼주머니에 넣어 다니는 동물은?

4. 국에도 넣고 무쳐도 먹어요.
   4분음표 모양과 비슷하고 집에서 길러 먹기도 해요.

5. 음식의 간을 맞추는 데 쓰는 짠맛의 흑갈색 액체

초성 퀴즈

사자성어

그들의 제안은 매력적으로 보이지만, 곰곰이 생각해 보면 ㅈㅅㅁㅅ 일 뿐이었다.

  아홉째 날 퍼즐은 ___월 ___일

 가로열쇠

→

1. 딱딱 소리를 크게 울리며 부리로 나무에 구멍을 내어 벌레를 잡아먹는 새의 이름은?

2. 등에 바늘 같은 가시들이 있어 몸을 웅크리면 밤송이처럼 보이는 동물은? [힌트 '○○○○도 제 새끼가 제일 곱다고 한다'는 속담은, 부모님의 눈에는 자식이 무조건 귀여워 보인다는 뜻입니다.]

3. 화재를 진압하고 위험한 현장에서 사람들을 구조하는 일을 하는 직업은? [힌트 일을 할 때 소방차나 구급차를 많이 타요.]

4. 우리나라 고유 악기로, 열두 줄을 손가락으로 뜯어 소리를 내는 것은?

  세로열쇠

1. 땅바닥에 놓인 딱지를 다른 딱지로 쳐서 뒤집히면 따먹는 놀이

2. 우리 몸에서 배와 목 사이의 앞부분

3. 책, 기록, 신문 등을 모아서 볼 수 있도록 한 시설은?

4. 음식에 넣으면 짠맛이 나는 흰색 가루는?

5. 두 개의 날을 교차시켜 종이 등을 자르는 도구는? [힌트 핑킹○○를 이용하면 지그재그 모양으로 자를 수 있어요.]

초성 퀴즈
사자성어

사람들을 먼저 대피시키고 구조에 최선을 다한 소방관의 행동은 ㅅㅅㅅㅇ 의 자세가 아닐 수 없다.

 열째 날 퍼즐은 ___월 ___일

 가로 열쇠

→

1. 손을 보호하거나 추위를 막거나 장식을 위해 손에 끼는 것은?

2. 여러 가지 색깔의 재료를 조각조각 붙여서 무늬나 그림을 완성하는 기법은?
[유의어 조각무늬 그림]

3. 물이 얼어서 굳으면 무엇이 되나요?

4. 앉아서 미끄러져 내려올 수 있는 놀이기구는?

 세로 열쇠

↓

1. 옛날 전쟁터에서 적의 공격을 막기 위해 입던 옷의 이름은?

2. 생일이면 초를 꽂아 불을 켜고, 다 같이 모여 먹는 빵은?

3. '하늘 천, 따 지'로 시작하며 총 1,000자로 된 한문책의 이름은?

4. 흰색과 검은색의 줄무늬가 특징인 말은?

5. 이미 지나갔거나 지금이 아닌, '앞으로 올 때'를 무엇이라고 하나요?
[반의어 과거]

초성 퀴즈
사자성어

그는 이 분야에서 ㅅㅈㅅㅈ 다 겪은 전문가다 보니, 해결책을 금방 찾아냈다.

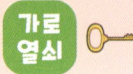 열한째 날 퍼즐은 ___월 ___일

가로 열쇠

→

1. 4년에 한 번씩 열리는 운동 경기 대회.
   제1회 대회는 그리스 아테네에서 개최했고, 1988년 우리나라 서울에서 열리기도 했어요.
   [힌트 이 경기를 상징하는 깃발이 오륜기예요.]

2. 듣는 사람의 귀 가까이에 입을 대고 소곤소곤하는 말은?

3. 정육면체의 각 면에 한 개부터 여섯 개까지의 점이 찍혀, 이것을 굴려 나타난 점수로 승부나 차례를 정하는 도구는?

4. 불에 타고 있는 물건에서 나오는 아주 조그만 불덩이

세로 열쇠

↓

1. 알에서 나와 개구리가 되기 전까지 무엇이라 부르나요?
   [힌트 개구리 ○○○ 적 생각 못 한다.]

2. 앞으로 어떻게 할 것인지 미리 정해 두는 것
   [힌트 새끼손가락을 걸기도 해요.]

3. 눈빛이나 머릿속 생각이 맑고 또렷한 모습을 뜻해요.
   [힌트 자야 할 시간인데 눈이 ○○○○하구나.]

4. 막대기에 솜처럼 감긴 둥근 모양의 사탕

5. 얇게 저민 고기를 달콤 짭짤하게 양념해서 구워 먹는 요리예요.

p.113

초성 퀴즈
사자성어

나는 여행 계획을 짤 때, ㅇ ㅂ ㅁ ㅎ 의 자세로 철저히 준비한다.

 ___월 ___일

→

1. 아프리카 동북부에 위치한 나라로 수도는 카이로이며, 피라미드가 있는 나라는?

2. 구름이나 연기가 크게 둥근 모양을 연이어 그리면서 나오는 모양

[힌트 ○○구름]

3. 막대기 모양을 하였으며 길고, 겉껍질이 단단한 프랑스 빵은?

4. 어린 개를 부르는 말

[힌트 멍멍 하고 짖어요.]

↓

1. 화물을 실어 나르는 큰 자동차

2. 세계에서 가장 높은 산은?

3. 한곳에 뭉치거나 둘둘 말거나 감아 놓은 덩이

4. 물을 푸거나 물건을 담는 데 쓰는 그릇

[힌트 안에서 새는 ○○○ 밖에서도 샌다.]

초성 퀴즈
사자성어

봉사 활동을 와서 일은 안 하고 셀카만 찍고 있으니 ㅈㄱㅈㄷ 가 따로 없구나.

정답 p.113

열셋째 날 퍼즐은 ___월 ___일

가로 열쇠

→

1. 쌀가루로 만든 국수 또는 그 국수를 삶아 만든 음식
   [**힌트** 베트남 음식점에 가면 다양하게 먹을 수 있어요.]

2. 양손으로 줄 끝을 잡고 위아래로 빙빙 돌리며 뛰어넘는 운동은?

3. 주름상자를 접었다 폈다 하며 건반을 눌러 연주하는 악기는?
   [**유의어** 손풍금]

4. 초원에 살며 목이 매우 길고, 갈색의 얼룩이 있는 동물은?

5. 대표적인 건반 악기로 의자에 앉아 연주하며, 하단에 3개의 페달이 있는 것은?
   [**힌트** 그랜드 ○○○, ○○○ 협주곡]

세로 열쇠

↓

1. 남의 둥지에 알을 낳으며 '뻐꾹뻐꾹' 하고 우는 여름새는?

2. 운동이나 놀이로 물속에서 헤엄치는 것
   [**힌트** 자유형, 배영, 평영, 접영 등]

3. 편을 갈라 밧줄의 양 끝을 마주 잡고 당겨서 승부를 겨루는 놀이는?

4. 카카오 열매나 초콜릿 가루를 뜨거운 물이나 우유에 타서 마시는 음료는?

5. 사슴이나 고라니와 비슷하며, 수컷은 뿔이 있는 동물은?

초성 퀴즈
사자성어

나는 지난번에 불합격했지만, ㅅㅇㅈㅁ 라 생각하며 준비한 덕분에 더 좋은 곳에 합격할 수 있었다.

열넷째 날 퍼즐은 ___월 ___일

가로 열쇠

→

1. 우리나라의 남쪽에 있는 가장 큰 화산섬이에요.
   [힌트 삼국 시대에는 이곳에 탐라국이 있었어요.]

2. 키가 매우 높게 자라며 큰 꽃이 피는 식물이에요. 꽃이 해가 비치는 방향을 따라 움직이며, 씨앗을 고소하게 볶아서 먹기도 해요.

3. 눈과 입을 움직이며 소리 없이 환하게 웃는 모습을 가리켜요.

세로 열쇠

1. 제기를 차면서 노는 전통 놀이는?

2. 배를 타고 다니며 다른 배나 해안을 습격하여 도둑질을 하는 무리

3. 정삼각형 모양의 철봉을 실로 매달아 막대로 두드려 연주하는 악기는?

4. 쓴 글자의 모양을 가리키는 말
   [힌트 공책에 ○○를 예쁘게 썼구나.]

초성 퀴즈

사자성어

어린 시절 친구들과 모여서 예전 추억을 회상하며
ㅍ ㅂ ㅈ ㄷ 하는 웃음을 나눴다.

 열다섯째 날 퍼즐은 ___월 ___일

가로 열쇠

➔

1. 사냥하는 사람.
   또는 사냥을 직업으로 하는 사람은?

2. 가루에 물을 부어 빚은 것은?   [**힌트** 수제비 ○○, 빵 ○○, 지점토 ○○]

3. 시끄러운 소리를 막거나 귀가 시리지 않도록 하기 위해 사용하는 것은?

4. 여러 가지 색깔들이 한데 뒤섞여 있는 모양을 가리키는 말은?
   [**힌트** 단풍이 ○○○○ 물들었다.]

5. 새가 알을 낳거나 깃들이는 곳   [**유의어** 둥우리]

세로 열쇠

↓

1. 작은 나뭇개비의 한쪽 끝에 황을 입힌 부분을 그어 불을 붙이는 것은?   [**힌트** ○○팔이 소녀]

2. 앞다리가 낫처럼 구부러진 모양을 하고 있으며, 짝짓기 후 수컷은 암컷의 먹이가 되는 곤충은?

3. 여름철 물가의 풀밭에 사는 벌레로, 밤에는 반짝이며 날아다니는 것은?

4. 골짜기나 들에 흐르는 작은 물줄기

5. 벼락이나 번개가 칠 때 요란하게 울리는 소리   [**유의어** 우레]

초성 퀴즈

사자성어

그는 자신이 ㅌㅅㄱㅍ 의 희생양이 된 것을 알고 결국 그 무리에서 나왔다.

 열여섯째 날 퍼즐은 ___월 ___일

가로 열쇠

1. 목마에 타면 빙글빙글 돌아가며 노는 놀이기구는?

2. 흙 속에 살고 길쭉한 원통형의 몸으로 꿈틀꿈틀 기어다니며, 비 오는 날이면 땅 위나 길가에서 발견할 수 있는 동물은?
   [**힌트** 흙을 비옥하게 하는 동물이에요.]

3. 어떤 자리나 모임에 초대하는 뜻을 적어 보내는 편지

4. 지하 철도 위를 다니는 전동차는?   [**힌트** ○○○ 1호선]

5. 조선 선조 때의 무신으로 임진왜란에서 거북선을 만들어 왜군을 물리친 장군은?

세로 열쇠

1. 큰길에서 들어가 동네 곳곳을 통하는 좁은 길

2. 교대로 윷을 던져 도, 개, 걸, 윷, 모에 따라 말판을 놓고, 모든 말이 최종 지점을 먼저 통과하면 이기는 놀이는?

3. 시간 또는 순서의 맨 끝   [**반의어** 처음]

4. 장마가 지는 철을 무엇이라고 하나요?

5. 열매나 곡식의 낱알 또는, 작고 동그랗고 단단한 것을 가리키는 말

초성 퀴즈
사자성어

ㅅ ㄱ ㅈ ㅁ 을 가지고 미래를 예측하고 대비하면 성공할 수 있다.

 열일곱째 날 퍼즐은 ___월 ___일

가로 열쇠

→
1. 차를 세워 두도록 마련한 곳

2. 용의 턱 아래에 있는 구슬.
   옛이야기에 따르면, 이무기가 용이 되기 위해서는 이것을 꼭 얻어야 해요.

3. 아프리카 가봉에 병원을 세워 원주민의 치료에 헌신하여 1952년 노벨 평화상을 받은 의사예요.   [**힌트** 독일인]

4. 점토를 빚어 말리고 칠하고 구워 만드는 그릇.
   고려청자, 조선백자가 잘 알려져 있어요.

세로 열쇠

↓
1. 열매 등이 풍성하게 많이 달려 있는 모양을 나타내요.

2. 앞뒤에 위치한 두 바퀴에 모터를 달아 이동하는 탈것의 이름은?
   [**힌트** 이것을 탈 때 헬멧을 반드시 써야 해요.]

3. 몸을 다쳐 부상을 입은 자리

4. 발로 밟은 자리에 남은 모양을 무엇이라고 하나요?

초성 퀴즈

사자성어

힘이 센 동물만 살아남는 ㅇㅇㄱㅅ 의 법칙은 사람들끼리 경쟁할 때에도 나타난다.

열여덟째 날 퍼즐은 __월 __일

가로열쇠

→

1. 긴 다리를 이용해 물에 떠서 달릴 수 있는 곤충.
   못, 개천 또는 소금기가 많은 물에 살아요.

2. 대한민국의 휴전선 북쪽 지역을 가리키는 말   [**반의어** 남한]

3. 도마뱀과 비슷한 구조이나 훨씬 몸집이 큰 동물.
   물가에 숨어 있다가 물 마시는 동물을 잡아먹어요.

4. 꽃이 망울만 맺히고 아직 피지 않은 상태일 때 이것이 맺혔다고 해요.

5. 논밭에 새나 짐승이 들어오는 것을 막기 위해 사람 모양으로 세워
   놓는 것은?   [**힌트** 자리만 차지하고 있는 사람을 비유하기도 해요.]

세로열쇠

↓

1. 주로 국가 사이에 무력을 사용하여 싸우는 것을 말해요.

2. 등과 배에 단단한 딱지가 있어 몸을 움츠릴 수 있고, 느릿느릿
   움직이며 모래땅에 알을 낳는 동물은?   [**힌트** 토끼와 ○○○]

3. 붕어의 친척으로 빨간색, 주황색, 흰색 등 예쁜 몸 색깔과 하늘거리는
   지느러미 등 관상을 위해 어항에서 많이 키우는 물고기는?

4. 반가움, 고마움, 화해 등의 뜻을 나타내기 위해 서로 한 손씩 내밀어
   마주잡는 인사는?   [**힌트** 보통 오른손을 내밀어 잡아요.]

5. 꽃잎을 따서 손톱에 물을 들일 수 있는 식물은?   [**유의어** 봉선화]

초성 퀴즈
사자성어

너만은 나를 믿어 주니 ㅊ ㄱ ㅁ ㅁ 를 얻은 것보다 든든하다.

정답 p.114

  ___월 ___일

 가로 열쇠

→

1. 볕이 들지 않는 어두운 부분
   [**힌트** 햇볕에 서 있지 말고, 이쪽 ○○로 와.]

2. 고기나 과일 등의 먹을거리를 양철통에 넣어 오래 보존할 수 있도록 처리한 식품
   [**힌트** 참치 ○○○, 복숭아 ○○○]

3. 다른 사람이 말하는 것을 들으며 그대로 옮겨 쓰는 것
   [**힌트** 오늘 ○○○○ 시험에서 100점을 받았어요.]

4. 설날, 추석, 대보름날, 동짓날 등을 무엇이라고 하나요?

5. 여럿 사이에 두루 비슷하고 통하는 점은?

 세로 열쇠

↓

1. 어린이들이 그림과 함께 적는 일기는?

2. 봄, 여름, 가을, 겨울의 네 철

3. 쓰레기를 담거나 모아 두는 통은?

4. 윗사람이나 상위에서, 아랫사람이나 하단으로 무엇을 하게 시키는 행동
   [**힌트** ○○은 무조건 따라야 해.]

초성 퀴즈
사자성어

어려운 집안 형편이었지만, 직장에 다니면서 겨를이 있을 때마다 ㅎㅅㅈㄱ 으로 공부하여 대학에 입학했다.

스무째 날 퍼즐은 ___월 ___일

→

1. 갑자기 쏟아지다가 금세 그치는 비.
   여름에 많이 내려요.

2. 밝은 별을 중심으로 이리저리 이어 인물이나 동물, 물건의 이름을 붙인 것
   [힌트 큰곰자리, 북두칠성]

3. 아직까지 없던 물건이나 새로운 기술을 생각하여 만들어 내는 것은?
   [힌트 에디슨, 장영실]

4. 가을이 오면 귀뚤귀뚤 우는 곤충의 이름은?

↓

1. 식물의 줄기나 가지를 가로로 자른 면에 보이는 둥근 테.
   한 해에 하나씩 생겨요.

2. 사람의 특징을 바탕으로 다른 사람들이 지어 부르는 이름

3. 춤 예술의 한 종류로, 차이콥스키의 3대 명작
   '백조의 호수', '호두까기 인형', '잠자는 숲속의 미녀'가 유명해요.

4. 옷이나 천의 주름이나 구김을 펴고 줄을 세우는 데 쓰이는 것은?

5. 솥의 입구를 덮는 것은?

초성 퀴즈
사자성어

ㅇㅈㅅㅈ의 자세로, 상대편 주장에 귀를 기울이고 들어 볼 필요가 있다.

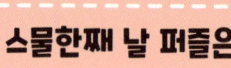 __월 __일

1. 스스로의 행동에 대해 잘잘못, 선악을 구분하고 바르게 행동하려는 마음
   [힌트 아무래도 ○○에 찔려.]

2. 우리나라의 국기.
   흰 바탕의 한가운데 태극이 있고, 사방 대각선에 4개의 괘가 있어요.

3. 음악을 전문으로 하는 사람.
   성악가, 지휘자, 작곡가 등을 모두 아울러요.

4. 여름에 강하게 내리쬐는 매우 뜨거운 볕
   [힌트 ○○○ 아래 땀을 흘리며 일하는 농부들]

1. 이를 닦고 물로 헹구는 것.
   '치카치카' 하면 떠오르는 것은?

2. 주로 북극 지방에 사는 하얀 곰은?

3. 두드려서 소리를 내는 악기.
   실로폰, 북 등이 해당돼요.

4. 조선 후기의 학자로, 호는 '다산'이에요.
   오랜 귀양살이를 하기도 했고, '목민심서' 등의 저서가 잘 알려져 있어요.

초성 퀴즈
사자성어

그는 도시의 바쁜 생활을 벗어나, 시골에서 느긋하게
ㅇ ㅂ ㄴ ㄷ 하며 살고 있다.

스물두째 날 퍼즐은 ___월 ___일

→

1. 모양을 비추어 보는 물건

   [**힌트** ○○아 ○○아, 이 세상에서 누가 제일 예쁘니?]

2. 복잡하게 그려 놓은 그림에 숨겨진 것을 찾는 놀이는?

3. 겨울 철새로 우리나라의 하천에 흔히 볼 수 있으며, 수컷은 머리와 목에 반짝거리는 녹색 깃털과 흰 띠가 있고, 암컷은 전체적으로 갈색의 무늬가 있는 오리는?

세로 열쇠

↓

1. 식사 후 그릇을 씻어 정리하는 일

2. 달걀이나 조개 등의 겉을 싸고 있는 단단한 것. 알맹이를 빼내고 겉에 남은 것

3. 얇은 금속이나 유리 등이 떨어지거나 부딪치며 울리는 소리

4. 한 사람이 술래가 되어 나머지 숨은 사람을 찾아내는 놀이

   [**유의어** 술래잡기] [**힌트** 꼭꼭 숨어라 머리카락 보일라]

5. 건물의 바닥에 세워 천장을 떠받치는 것. 중요한 사람이나 중심이 되는 것을 비유하기도 해요.

   [**힌트** 어린이는 나라의 ○○]

초성 퀴즈
사자성어

이 배우는 영화계에서 ㄱㄱㅇ등 으로 떠오르며, 큰 인기를 얻고 있다.

 스물셋째 날 퍼즐은 __월 __일

가로 열쇠

→

1. 꽁지를 펴면 큰 부채와 같이 오색찬란 화려한 새는?

2. 비가 올 때 펴서 머리 위를 가리는 것은?

   [**힌트** 비를 가리는 것은 ○○, 볕을 가리는 것은 양산이에요.]

3. 땅속에서 긴 애벌레 기간을 거치며, 여름이면 높은 곳에 앉아 '맴맴' 하고 우는 곤충은?

4. 입술을 오므리고 혀끝으로 입김을 불어 내는 소리

5. 긴 널빤지의 한가운데를 괴어 놓고, 양쪽 끝에 사람이 앉아 오르락내리락하는 놀이기구는?

세로 열쇠

↓

1. 어떤 사정이 있는지 어림잡아 헤아려 보는 것

2. 굽거나 튀김으로도 먹는 바다 생물로, 젓갈을 담그기도 해요.
   두 쌍의 더듬이와 열 개의 작은 다리가 있고, 몸은 껍질로 덮여 있어요.

   [**힌트** 고래 싸움에 ○○ 등 터진다]

3. 갑자기 생긴 저기압을 중심으로 한꺼번에 공기가 모여들어 일어난 강력한 바람

   [**유의어** 돌개바람]

4. 물건이 많이 쌓여 있거나 어떤 일이 많음을 비유적으로 가리켜요.

5. 차표나 입장권 등 표를 파는 곳은?

정답 p.115

초성 퀴즈
사자성어

명절이 되면, 기차역은 고향에 부모님을 뵈러 가는 사람들로 ㅇㅅㅇㅎ 를 이룬다.

 스물넷째 날 퍼즐은　___월 ___일

가로열쇠

1. 조그맣고 단단한 것이 물에 떨어지거나 물속으로 빠질 때 나는 소리는?
   [힌트 ○○○○ 돌을 던지자]

2. 온몸이 검은색이고 '까악까악' 울며, 새끼가 어미에게 먹이를 물어다 주며 효도한다고 알려진 새는?
   [힌트 ○○○ 날자 배 떨어진다고, 괜한 의심을 받으니 너무 억울하다.]

3. 제주도에서 많이 볼 수 있으며, 할아버지 얼굴 모양을 돌로 조각한 것은?　[힌트 돌로 만든 할아버지라는 뜻으로, 마을을 지키는 수호신 노릇을 해요.]

4. 가까이 있거나 접해 있는 집

세로열쇠

1. 말과 비슷한데 몸이 작고, 귀가 길쭉하다는 특징이 있으며 가축으로서 짐을 나르는 동물은?　[힌트 임금님 귀는 ○○○ 귀]

2. 알록달록 곱게 만든 아이의 신발을 무엇이라고 하나요?

3. 만세 자세로 옆으로 돌면서 빠르게 구르는 체조는?

4. 높은 곳에서 물속으로 뛰어내리며 머리를 먼저 잠기게 하여 들어가는 스포츠는?

초성 퀴즈
사자성어

나는 가만히 있었는데 나란히 걷던 친구 혼자 넘어지다니,
ㅇㅂㅇㄹ 이 따로 없다.

 스물다섯째 날 퍼즐은 ___월 ___일

1. 우리 몸에서 발 아래쪽의, 땅을 밟는 평평한 부분은?

2. 그림을 그릴 수 있도록 종이를 여러 장 모아 묶은 것은?

3. 어린이집을 졸업하고 초등학교를 가기 전에 다니면서 공부하고 노는 곳은?

4. 운동 경기에 뛰어나거나 운동을 전문적으로 하는 사람

1. 커피를 만드는 사람을 가리키는 말

2. 양을 치는 일 또는 양을 치는 일을 하는 사람을 가리켜요.
   [힌트] 너 ○○○ 소년도 아니고, 자꾸 거짓말하면 아무도 네 말을 믿어 주지 않을 거야.

3. 아플 때 진찰과 치료를 받는 곳은?

4. 시설을 갖추고 석유를 운반하는 배   [유의어 유송선]

p.116

초성 퀴즈
사자성어

뒤에는 추격병이 달려오고 앞에는 큰 강이 가로놓여 있으니
ㅈㅌㅇㄴ 의 지경에 빠졌다.

 스물여섯째 날 퍼즐은 __월 __일

가로 열쇠

1. 종이로 만든 일회용 컵
2. 전래 동화의 바닷속 용궁에서 물을 다스리는 왕은?
3. 신발의 바닥을 가느다란 끈으로 발등에 연결하여 신는 여름용 신발은?
4. 손가락 두 개를 편 '가위', 주먹을 쥔 '바위', 모두 쫙 편 '보' 중에 내어 순서나 승부를 정하는 방법은?

세로 열쇠

1. 조선의 제4대 왕으로, 훈민정음을 창제하고 측우기, 해시계 등의 과학 기구를 만들게 한 위인은?
2. 특별히 큰 목적을 위해서가 아닌, 이곳저곳 자잘하게 쓸 수 있는 돈을 무엇이라고 하나요?
3. 얇은 빵 두 조각 사이에 버터나 다양한 소스를 바르고 야채, 달걀, 치즈 등을 끼워 먹는 음식은?

[**힌트** 사이에 끼어 다소 난감한 상태를 비유하기도 해요.]

4. 주로 혈연, 입양, 결혼으로 이뤄지는 구성원을 무엇이라고 하나요?

초성 퀴즈
사자성어

새로운 감독이 들어온 이후 우리 팀은 ㅂㅈㅂㅅ 이다.

 스물일곱째 날 퍼즐은 ___월 ___일

 가로 열쇠

→
1. 커다란 눈에 '부엉부엉' 울고 주로 밤에 활동하는 새는?

2. 노인을 공경하는 뜻에서, 노인들이 모여 여가 시간을 즐기도록 마련한 집이나 방

3. 시설을 갖춰 놓고 소나 말, 양을 놓아기르는 곳   [유의어 목축장]

4. 오르내리기 위해 건물이나 비탈에 만든 층층대   [유의어 층계]

5. 불에 구워 익힌 고구마

 세로 열쇠

↓
1. 손으로 흔들어 바람을 일으키는 물건

2. 곡식에서 열매가 많이 열리는 부분 또는 그 낟알을 가리켜요.

3. 집의 앞뒤 공간에 평평하게 닦아 놓은 땅

4. 손목에 차는 작은 시계

5. 부엌일을 할 때 몸 앞을 가리는 치마는?   [유의어 행주치마]

6. 우리 민족의 시조.
   신화에 따르면 환웅과 웅녀 사이에 태어나 고조선을 세웠어요.

초성 퀴즈
사자성어

내 친구는 공부도 잘하고 운동도 잘하는 ㄷㅈㄷㄴ 한 사람이다.

스물여덟째 날 퍼즐은 ___월 ___일

가로 열쇠

→

1. 창문에 늘어뜨려 하늘거리면서, 햇빛이나 찬 바람을 막는 것은?

2. '꾀꼴꾀꼴' 울음소리가 아름다워, 목소리가 고운 사람을 비유하기도 하는 새는?

3. 쉬거나 건강을 위해 천천히 걷는 것   [유의어 산보]

4. 둥그런 반죽 위에 토마토, 치즈, 고기, 향료 등의 토핑을 뿌려 납작하게 구운 음식은?

세로 열쇠

↓

1. 실험용 유리그릇으로, 액체를 붓는 입이 달린 원통 모양의 도구는?

   [힌트 보통 유리로 만들지만 플라스틱 제품도 써요.]

2. 잠을 자는 중에 자기도 모르게 중얼거리는 것

3. 책을 읽다가 중간에 읽던 곳이나 필요한 부분을 찾기 쉽도록 끼워 두는 것

   [힌트 네잎클로버를 발견했는데, 코팅해서 ○○○로 쓸 거야.]

4. 그림, 글, 사진 등을 끼우는 틀

정답 p.116

초성 퀴즈
사자성어

누나는 일을 그만두고 집에서 ㅁㅇㄷㅅ 하며 시간을 보냈다.

스물아홉째 날 퍼즐은 ___월 ___일

가로 열쇠

→

1. 한 번 숨을 쉴 동안.
   또는 걱정했다가 안심했을 때 크게 몰아서 내쉬는 숨은?

2. 방이나 솥에 불을 때기 위해 만든 구멍.
   옛날에는 이곳에 땔나무를 넣어 가마솥에 요리하고, 온돌에 군불을 지폈어요.

3. 사람의 말이나 여러 가지 소리를 흉내 내어 지저귈 수 있는 새는?

4. 반죽 안에 고기, 채소, 김치 등 소를 넣어 빚은 음식.
   떡국이나 라면에 넣기도 해요.

   [**힌트** 삶거나 찌거나 기름에 튀겨 조리해요.]

세로 열쇠

↓

1. 우리나라 국토의 대부분을 차지하는 반도의 이름은?

2. 임금이 거처하는 집   [**유의어** 궁전]

3. 불을 지펴 타도록 땔감으로 쓰이는 나무   [**유의어** 불나무]

4. 앵두나무의 열매로, 빨갛게 익으면 새콤달콤한 맛이 나요.

5. 바람, 축하, 환호 등을 나타내기 위해 두 손을 높이 들고 외치는 말은?

   [**힌트** 대한 독립 ○○!]

초성 퀴즈
사자성어

소설에서 남자 주인공은 한 여자가 죽을 때까지 자신의 ㅇㅍㄷㅅ 을 지켰다.

 서른째 날 퍼즐은 ___월 ___일

가로 열쇠

→

1. 강원도 북부에 위치한 산으로, 곳곳에 폭포와 못이 있고 경치가 매우 아름다워요.   [**힌트** ○○○ 찾아가자 일만 이천 봉]

2. 주로 고무로 되어 있으며 글씨나 그림 등을 지우는 물건은?

3. 쇠로 만든 조그만 기구로, 잔털이나 가시를 뽑는 데 쓰는 물건은?
   [**힌트** 정확하게 지적하거나 잘 알아맞히는 사람을 비유하기도 해요.]

4. 눈두덩 위에 가로로 모여 난 짧은 털

5. 가을에 꽃이 피는데 흰색, 분홍색, 자주색 등의 꽃이 가지 끝에 한 송이씩 피고, 한들한들 바람에 흔들리는 모습이 아름다운 식물은?

세로 열쇠

↓

1. 남북 분단 등 여러 가지 사정으로 흩어져 서로 소식을 모르는 가족

2. 알을 낳는 능력이 있는 암개미로, 개미 사회의 우두머리는?

3. 짐을 얹어 사람이 등에 지는 우리나라 고유의 운반 기구

4. 눈을 뭉쳐 사람 모양으로 만든 것

5. 여름이면 '앵~'하는 소리를 내며 날아다니고, 물리면 가려운 곤충은?

초성 퀴즈

사자성어

쉬지 않고 공부만 하면 건강을 해치니 ㄱㅇㅂㄱ 이라 할 수 있다.

정답 p.116

 ___월 ___일

가로 열쇠

→

1. 바람을 이용해 하늘 높이 연을 띄우는 놀이는?

2. 의문을 나타내는 말끝에 붙이는 문장 부호는?
   [**유의어** 의문 부호]

3. 정원의 꽃이나 나무를 가꾸는 직업은 무엇일까요?

4. 말이나 글씨 등이 조리 있고 또렷한 모양
   [**힌트** 글씨를 ○○○○ 쓰지 않으니 알아볼 수가 없잖니.]

세로 열쇠

↓

1. 자연 속에서 중요하고 귀하기 때문에 특별한 보호가 필요하여 법으로 지정한 것
   [**힌트** 진돗개는 ○○○○○ 제53호로 지정되어 있습니다.]

2. 감정이나 마음의 상태가 어떤지 얼굴 겉으로 드러나 보이는 것은?

3. 배를 모는 일을 직업으로 하는 사람은 누구일까요?

4. 옛날, 고을의 원님을 존대하여 부르던 말은?

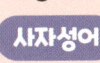

초성 퀴즈
사자성어

그동안 어디 가서 무엇을 했는지 ㅇㅅㅈㄱ 하면, 이번 일은 없었던 것으로 하겠다.

서른두째 날 퍼즐은 __월 __일

가로 열쇠

→

1. 신라 시대의 천문 기상 관측대. 경주에 있으며 동양에서 가장 오래된 관측대예요.

2. 간지러운 느낌

3. 손으로 한 줌 움켜쥘 만큼의 분량

[힌트 사탕을 한 ○○ 집었다.]

4. '야옹' 하고 울며 몸이 유연하고 발톱이 날카로우며, 기분이 좋을 땐 그르렁거리는 동물은?

세로 열쇠

↓

1. 다리를 높이 들었다가 크게 떼어 놓으며 움직이는 모양

2. 시간대별로 나누어서 할 일 등의 항목을 적어 넣은 표

[힌트 오늘 ○○○를 보니 1교시는 미술이다.]

3. 주로 식재료를 신선하고 차게 보관하기 위한 장치

[힌트 우유 꺼냈으면 ○○○ 문 빨리 닫아라.]

4. 맨발에 신도록 실이나 섬유로 짠 것은?

[힌트 짝, 켤레 단위로 세요.]

초성 퀴즈
사자성어

그녀는 ㅂㄱㅇㅎ 를 누리며 살았지만, 진정한 친구는 한 명도 없었다.

  서른셋째 날 퍼즐은 ___월 ___일

 가로 열쇠

→

1. 일주일의 각 날을 무엇이라고 하나요?

   [힌트 내가 가장 좋아하는 ○○은 학교에 안 가는 토요일이랑 일요일이야!]

2. 어떤 물질에 대해 몸속 항체가 반응하여 부어오름, 가려움, 염증, 피부 발진 등의 증상이 나타나는 것은?

   [힌트 나는 땅콩에 ○○○○가 있어서, 절대 먹으면 안 돼.]

3. 얼굴이나 몸을 닦는 천

4. 부피가 매우 큰 돌을 가리키는 말

5. 반죽을 가늘고 길게 면으로 뽑아내어 삶아 먹는 음식은?

6. 육지 동물 중 가장 크며, 긴 코를 자유롭게 움직이고 상아라고 불리는 긴 앞니가 두 개 있는 것은?

  세로 열쇠

1. 우유 등 동물의 젖을 농축하고 유산균을 넣어 발효시킨 음료는?

2. 어떤 것에 대해 바로 말하지 않고, 상대방이 알아맞힐 수 있도록 오묘하게 빗대어 말하는 놀이는?

   [힌트 복잡하고 이상하게 얽혀 내막을 쉽게 알 수 없는 것을 가리키기도 해요.]

3. 바둑을 둘 때 쓰는 둥글납작한 돌. 흰 돌과 검은 돌이 있어요.

			1 1			
	2					
					3 2	
4 3				**5**		
				6		

정답 p.117

초성 퀴즈
사자성어

우리는 그의 재빠른 ㅇ ㄱ ㅇ ㅂ 으로 죽을 뻔한 위기를 잘 넘겼다.

 서른넷째 날 퍼즐은 __월 __일

가로 열쇠

→

1. 길, 자리, 물건 등을 다른 사람에게 먼저 주는 것은?

2. 우리나라의 동쪽 끝에 위치한 섬으로, 울릉도에서 87.4㎞ 떨어진 바다 위에 있어요.

3. 사람들을 만나 이야기를 나누며 정보를 수집하는 것을 무엇이라고 하나요? [**힌트** 주로 기자가 취재를 위하여 다른 사람과 진행하는 회견을 말해요.]

4. 멀리 돌지 않고 질러서 가깝게 통하는 길

세로 열쇠

↓

1. 보름날 밤에 뜨는 둥근달

2. 동력을 이용하여 사람이나 짐을 아래위로 나르는 장치
[**힌트** 극장에 가려면 홀수층 ○○○○○를 타야 해.]

3. 남의 물건을 훔치거나 빼앗는 짓. 또는 그런 짓을 하는 사람

4. 아시아 남부 인도반도에 위치한 국가. 고대 문명과 불교의 발상지이기도 해요.

5. 홀로 따로 나 있는 작은 길

초성 퀴즈
사자성어

어려운 친구를 돕던 그녀가 나중에 다른 사람들에게 큰 보답을 받는 것을 보면서 ㅇㄱㅇㅂ 를 느꼈다.

서른다섯째 날 퍼즐은 ___월 ___일

가로열쇠

→

1. 예로부터 전해 오는 쉬운 격언
   [힌트 ○○에 '불난 집에 부채질한다'더니, 괜히 화만 돋우지 말고 좀 가만히 있어.]

2. 부모님의 형제자매의 자녀끼리의 촌수는 몇 촌?   [힌트 이종○○]

3. 지구 내부에서 큰 움직임이 급격하게 일어나 땅이 흔들리고 큰 파도가 일어나기도 하는 것은?

4. 주로 발로 공을 차서 상대의 골에 공을 많이 넣으면 이기는 종목은?

5. 작고 동글동글한 물 덩어리

6. 복습이나 예습을 위해 방과 후에 선생님께서 무엇을 내 주시나요?

세로열쇠

↓

1. 전통 민속을 보존하고 전시하는 자료들을 모아 관람할 수 있도록 조성한 마을

2. 사진기 또는 휴대 전화로 찰칵 찍어 오랫동안 볼 수 있게 한 것은?

3. 우리가 사는 별의 이름은?
   오대양 육대주로 이루어져 있어요.   [힌트 달은 ○○의 위성이지요.]

4. 축하하기 위해 여는 큰 규모의 행사를 무엇이라고 하나요?
   [힌트 내일 우리는 장미 ○○에 가기로 했어요.]

5. 풀이나 나무 등을 얽거나 엮어서 담 대신 경계 지어 막는 것

초성 퀴즈
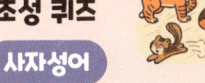
사자성어

그 신인 가수는 유명한 프로듀서의 명성을
ㅎ ㄱ ㅎ ㅇ 하며 교만하게 행동했다.

 서른여섯째 날 퍼즐은 ___월 ___일

 가로 열쇠

→

1. 고기를 다져 여러 가지 재료를 넣고 뭉쳐 구운 패티와 함께 야채, 치즈, 달걀 등을 둥근 빵에 끼워 먹는 음식은?

2. 한 사람이 한 낱말을 말하면 다음 사람은 그 말의 끝말로 시작하는 낱말을 불러 이어 가는 놀이는?   [**유의어** 이어말하기]

3. 요리를 전문적인 직업으로 하는 사람

4. 혹시 있을지도 모르는 뜻밖의 경우

[**힌트** ○○ 내일 비가 온다면 집에서 놀자.]

 세로 열쇠

↓

1. 사실이 아닌 것을 사실인 듯이 꾸며 대어 하는 말은?

[**힌트** 너 뻔히 들킬 거 ○○○하지 마.]

2. 조그마한 것을 크게 보이도록 볼록하게 만든 렌즈

3. 헤어질 때, 일이 끝났을 때, 또는 편지를 마무리할 때 하는 인사는?

4. 말이나 글의 요점을 잡아 간추리는 것

5. 이야기를 여러 장면으로 나누고, 말풍선에 대화를 삽입하여 나타내는 그림은?

초성 퀴즈

사자성어

나는 공부에 대한 미련을 버리지 못해, ㅈㄱㅇㄷ으로 낮에는 일하고 밤에는 야간 대학에 다니고 있다.

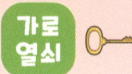 서른일곱째 날 퍼즐은 __월 __일

가로 열쇠

→

1. '동해물과 백두산이'로 시작하는 우리나라의 국가

2. 다람쥐, 개구리, 뱀, 곰 등 동물들이 겨울이 되면 땅속이나 굴에서 쿨쿨 자며 겨울을 보내는 일

3. 숨을 가쁘고 거칠게 몰아쉬는 모양

   [**힌트** 친구가 시계를 보더니 ○○○○ 집으로 뛰어갔다.]

4. 밥에 각종 재료를 잘게 썰어 넣고 기름에 볶아 만든 음식

5. 동물이나 식물에 기생하는 균류로, 어둡고 눅눅한 곳의 음식물, 옷, 가구 등에도 생기는 것은?

세로 열쇠

↓

1. 알에서 나온 후 아직 다 자라지 않은 벌레는?

2. 잠잘 때 입는 옷

3. 가래떡을 먹기 좋은 크기로 잘라 여러 가지 재료를 넣고 양념하여 볶아 먹는 음식은?

   [**힌트** 여기 ○○○ 1인분 덜 맵게 주시고, 튀김도 1인분 주세요.]

4. 두 개의 더듬이와 눈이 있고, 등에는 동그란 집을 지고 다니는 동물은?

	¹ ¹					
			²		²	
³						
	³					⁴
	⁴					
				⁵		

정답 p.118

초성 퀴즈
사자성어

흥부전과 콩쥐팥쥐는 ㄱㅅㅈㅇ 의 교훈을 담고 있는 대표적인 옛날이야기이다.

  __월 __일

가로 열쇠

1. 본격적인 운동이나 경기를 하기 전 몸을 푸는 가벼운 운동은?

2. 드나드는 문을 지키는 사람

3. 부부임을 서약하는 의식

   [**힌트** 오늘은 우리 이모의 ○○○이라 아침부터 모두 분주하다.]

4. 많은 사람들이 모여들어 떠들썩하고 번잡스러운 상태

세로 열쇠

1. 기본이 되는 표준

2. 출입할 때 자동적으로 열리고 닫히는 문

3. 갑작스러운 사고가 일어날 때에 급히 대피할 수 있도록 특별히 마련한 출입구

4. 있어야 할 자리에 나가지 않은 상태는?

   [**힌트** 오늘 짝꿍이 감기에 걸려 ○○했다.]

5. 옷이나 가방의 두 짝을 붙였다 떼었다 하는 용도로 다는 것은?

   [**힌트** 날이 추우니 ○○를 맨 끝까지 잘 잠가라.]

초성 퀴즈
사자성어

한집에 사는 가족은 ㅎㄹㅇㄹ 을 함께하게 된다.

 서른아홉째 날 퍼즐은 __월 __일

가로 열쇠

1. 시력이 나쁠 때 잘 보이게 하기 위해 눈에 쓰는 것은?
   [**힌트** 바람이나 먼지, 강한 햇빛을 막아 주기도 해요.]

2. 거짓으로 만들어 낸 것이 아닌 참된 것
   [**반의어** 가짜]

3. 상대방의 어깨에 서로 팔을 얹어 끼고 나란히 서는 것은?

4. 앉아서 앞뒤로 흔들 수 있는 의자는?

세로 열쇠

1. 작고 하얀 꽃이 무리를 지어 피는 식물.
   꽃다발을 만들 때 배경이나 사이사이에 꽂기도 해요.

2. 비가 섞여 내리는 눈은?

3. 줄로 이루어진 무늬를 무엇이라고 하나요?

4. 사람이 마땅히 지켜야 하는 도리를 가리키는 말
   [**힌트** '동방○○지국'은 예로부터 우리나라를 이르던 말이에요.]

5. 훌륭하거나 칭찬을 받을 만한 것임을 드러내어 말하는 것
   [**힌트** 꽃들이 서로 제 빛깔이 예쁘다며 ○○하듯 알록달록 피어 있다.]

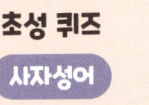

초성 퀴즈
사자성어

국군의 날을 기념하여, 군인들이 거리 행진하는 모습은 늠름하고 ㅇㅍㄷㄷ 하였다.

 마흔째 날 퍼즐은 __월 __일

가로 열쇠

→

1. 장난이 심하고 짓궂은 아이를 무엇이라고 하나요?

2. 나이 든 부부를 가리키는 말은?

3. 자물쇠를 잠그거나 여는 데 사용하는 것은?

4. 가늘고 길며 단단한 물건을 가리키는 말

[**힌트** ○○○를 장롱 밑에 넣어 공깃돌을 빼 보자.]

세로 열쇠

↓

1. 주로 잠에서 깨면서 몸을 쭉 펴고 팔다리를 펴는 것은?

2. 서로 자기가 이기거나 앞서기 위해 겨룸

[**힌트** ○○은 정정당당하게 하자.]

3. 몹시 인색한 사람을 가리키는 말은?

4. 알의 흰자위에 둘러싸인 노랗고 동그란 부분

5. 흙과 돌을 쌓아서 만들며, 아궁이 위에 솥을 걸어 놓는 언저리 공간은?

[**힌트** 얌전한 고양이 ○○○에 먼저 올라간다더니만.]

초성 퀴즈
사자성어

그녀는 ㅅㄱㅇㅈ 하여 연습하더니, 체육 대회에서 좋은 성적을 거두었다.

 마흔한째 날 퍼즐은 ___월 ___일

가로 열쇠

→

1. 소리 없이 눈으로만 가만히 웃는 웃음은?

2. 희귀하고 가치 있는 소중한 것을 이르는 말은?   [유의어 보화]

3. 새롭고 신기한 것을 좋아하는 마음, 모르는 것을 알고 싶어 하는 마음

4. 흔히 점심밥이나 나들이 음식을 가지고 다니는 데 쓰는 그릇은?

세로 열쇠

↓

1. 겨울에 강이나 저수지의 얼음을 깨고 하는 낚시질은?

2. 감동, 슬픔, 때로는 너무 기쁠 때도 눈에서 또르르 흘러나오는 것은?
   [힌트 영화를 본 관객들이 감동의 ○○을 글썽였다.]

3. 물건을 싸서 들고 다닐 수 있도록 네모다랗게 만든 천은?

4. 우리 몸속 장기 중, 온몸에 피를 보내는 역할을 하며,
   긴장하면 콩닥콩닥 빠르게 뛰는 것은?

5. 밀가루에 베이킹파우더와 설탕, 달걀 등을 섞어 반죽한 후 경단이나
   고리 모양으로 만들어 기름에 튀긴 동그란 과자

초성 퀴즈
사자성어

그 여자 배우는 이 영화로 대상을 받게 되자,
정말 ㄱ ㄱ ㅁ ㄹ 하다는 수상소감을 전했다.

 마흔두째 날 퍼즐은 ___월 ___일

가로 열쇠

1. 천을 꿰매는 데 쓰는 것으로, 쇠로 되어 있으며 가늘고 끝이 뾰족해요.
   [힌트 '○○ 도둑이 소도둑 된다'는 작은 나쁜 짓도 계속하면 큰 죄를 저지르게 된다는 속담이에요.]

2. 대중교통에서 장애인, 임산부, 노인, 어린이와 같은 교통약자 전용으로 마련된 자리는?

3. 긴 널빤지의 중간을 괴어 놓고 양 끝에 한 사람씩 올라서서 번갈아 뛰어 오르는 놀이는?

4. 바람의 힘을 기계적 힘으로 바꾸는 장치로, 얇은 판으로 된 날개를 바람으로 회전시켜 이때 생기는 힘으로 곡식을 빻았어요.

세로 열쇠

1. 돌리거나 굴리기 위해 동그랗게 만든 물건
   [힌트 자전거에는 주로 2개, 자동차에는 주로 4개가 달려 있어요.]

2. 자동차 운전석의 옆자리를 가리키는 말은?

3. 탕약을 달이거나 담아 두는 그릇은?

4. 얇은 고무주머니에 공기를 넣어 공중에 띄울 수 있는 것은?

초성 퀴즈
사자성어

새해마다 다이어트를 결심하지만, 항상 ㅈㅅㅅㅇ 로 끝난다.

마흔셋째 날 퍼즐은 ___월 ___일

가로 열쇠

1. 마땅찮게 여기는 심술궂고 나쁜 마음   [유의어 심술]
2. 여왕벌을 중심으로 집단생활을 하며, 꿀을 따다 나르는 곤충은?
3. 다니던 학교에서 다른 학교로 옮겨 가는 것은?
4. 여럿이 모여 다양한 운동 경기를 하는 것
   [힌트 학교에서는 주로 가을에 열리며 박 터뜨리기, 계주 등을 해요.]
5. 운동 경기 등에서 마지막으로 승부를 가리는 시합은?

세로 열쇠

1. 쇠붙이로 둥글넓적하게 만든 타악기.
   두 장을 맞부딪거나 한 장을 막대기로 쳐서 소리를 내요.
2. 주제에 따른 작품을 모아서 전시하고 일반에게 관람하도록 하는 행사는?
   [힌트 미술 ○○○, 졸업 ○○○]
3. 문제의 원인이나 내용을 풀어서 밝힘. 얽힌 일을 잘 처리함
   [힌트 도저히 안 풀리던 문제가 드디어 ○○됐다.]
4. 운전을 직업으로 하는 사람

초성 퀴즈

사자성어

소설 속 두 인물은 ㄱㅇㅈㄱ 이었지만,
결국 서로를 이해하고 화해한다.

 ___월 ___일

 가로 열쇠

→

1. 관악기, 타악기, 현악기 등으로 함께 연주하는 음악

2. 문화 활동에 의하여 만들어진 것들 중 가치가 뛰어나다고 공식적으로 인정되어 보호받는 것은?
   [힌트 당시 일제는 곡식과 쇠붙이만이 아니라 우리나라의 값진 ○○○들을 마구 빼앗아 갔다.]

3. 손으로 무엇을 만들거나 일을 하는 재주
   [힌트 우리 아빠의 음식 ○○는 정말 최고다.]

4. 어떤 사실을 알리기 위해 표시해 놓은 판   [힌트 교통 ○○○]

5. 밥과 국, 몇 가지의 반찬을 담을 수 있도록 오목하게 칸을 나누어 만든 식기

 세로 열쇠

↓

1. 현관에 달린, 드나드는 문

2. 방향을 나타내는 데 쓰는 화살 모양의 부호는?

3. 꽃, 곡식, 채소 등 식물의 씨

4. 들을 이룬 벌판   [힌트 ○○에 곡식이 누렇게 익었다.]

초성 퀴즈
사자성어

저자는 도대체 뭘 믿기에 저렇게 ㄱㄱㅁㅈ 한지, 여간 아니꼬운 게 아니다.

 마흔다섯째 날 퍼즐은 ___월 ___일

가로 열쇠

→

1. 계단, 다리, 높은 곳에서 사람이 떨어지는 것을 막거나 장식으로 설치하는 것은?

   [**힌트** 할아버지가 ○○에 의지해 천천히 계단을 내려가신다.]

2. 따뜻한 말이나 행동으로 달래 주는 행동을 무엇이라고 하나요?

3. 시각 장애인이 손가락으로 더듬어 읽도록 점자로 만든 책은?

4. 낮고 납작한 그릇

   [**힌트** 반찬이나 과일, 떡 등을 담는 데 써요.]

5. 음식물이 배 속에서 발효되는 과정에서 생기는 기체로, 배출될 때 '뿡' 소리가 날 수도 있어요.

세로 열쇠

↓

1. 난방 장치의 하나로, 연료를 때거나 전기를 이용해 따뜻하게 온도를 올리는 것은?

2. 물체가 빛을 가려 뒷면에 드리워지는 그늘을 무엇이라고 하나요?

   [**힌트** 물에 비쳐 나타나는 모습을 말하기도 해요.]

3. 점심을 먹기로 정해 둔 시간

4. 주로 학생들이 책이나 학용품 등을 넣어서 가지고 다니는 가방은?

초성 퀴즈
사자성어

과학자들은 기후 변화로 인해 발생하는 환경 문제 때문에, 인류의 미래가 ㅍㅈㄷㅎ 라고 경고했다.

 마흔여섯째 날 퍼즐은 ___월 ___일

가로열쇠

1. 바닷가나 항구에 살며 '끼룩끼룩' 우는 새는?

2. 물렁하게 잘 익은 감을 가리키는 말은? [**유의어** 연시]

3. 빗자루로 쓴 쓰레기를 받아 내는 도구는 무엇인가요?

4. 공장이나 작업장, 운동 경기 등에서 머리 부상을 막기 위해 쓰는 모자는?

5. 새로 돋아나는 싹

[**힌트** '어린이는 나라의 ○○이다.'처럼, 새로운 시초를 비유하기도 해요.]

세로열쇠

1. 짐승이나 새의 묵은 털이 빠지고 새 털이 나는 것은?

2. 허균이 지은 우리나라 최초의 한글 소설로, 천대를 받던 홍길동이 활빈당을 결성하고 율도국을 세운다는 내용이에요.

3. 쓰임의 정도, 쓰이는 바를 의미해요.

4. 잘게 부스러진 돌 부스러기

[**힌트** 바닷가에서 놀았더니 신발에 ○○가 들어간 것 같아. 좀 털어야겠어.]

초성 퀴즈
사자성어

이번 대회 첫 금메달 소식을 우리나라 국민들은
ㅎㅅㄱㄷ 하고 있다.

 마흔일곱째 날 퍼즐은 ___월 ___일

가로 열쇠

1. 빨래할 때 쓰는 비누

2. 병원 등에서 환자의 응급 처치를 할 수 있도록 시설과 장비를 갖추어 놓은 곳

3. 뜨겁거나 차갑게, 일정한 온도를 유지하도록 만든 병
   [**힌트** 오늘은 추우니 따뜻한 보리차를 ○○○에 담아 가렴.]

4. 계절에 관계없이 희망하는 식물을 재배하는 데 도움을 주는 구조물. 온도, 빛, 습도를 조절할 수 있어요.
   [**힌트** 바깥은 겨울인데 ○○에는 꽃이 한가득 피어 있네.]

세로 열쇠

1. 매우 힘든 일을 할 때 쏟아지는 땀은?

2. 위급한 환자나 다친 사람을 빠르게 병원으로 실어 나르는 차는?
   [**유의어** 앰뷸런스]

3. 학교에서 몸이 아프거나 다쳤을 때 가는 곳은?

4. 달걀에서 깨어나 아직 닭으로 자라지 못한 어린 새끼

초성 퀴즈
사자성어

한여름에 뜨거운 삼계탕을 먹으며 더위를 이겨내는 것이 바로 ㅇㅇㅊㅇ 의 자세다.

  마흔여덟째 날 퍼즐은 ___월 ___일

 가로 열쇠

→

1. 벽이나 대문 등에 달아 놓고 우편물을 넣도록 한 상자

2. 구름 사이 또는 땅과 구름 사이에서 전기가 일어나 불꽃이 번쩍이는 것은?

   [힌트 동작이 아주 빠른 사람이나 사물을 가리키기도 해요.]

3. 대부분 잎 대신 가시가 있고, 건조한 곳에서도 잘 자라는 식물은?

4. 여치와 비슷하게 생긴 곤충이며, 동화에서 개미가 부지런히 일할 때 게으름을 피우는 동물은?

 세로 열쇠

↓

1. 우주 공간에서 비행하기 위한 물체

   [힌트 ○○○이 하늘로 날아가는 모습이 전 세계에 생중계되고 있다.]

2. 애벌레가 성충이 되기 전 고치 안에 들어 있는 상태

3. 전 세계의 컴퓨터가 서로 연결되어 정보를 주고받을 수 있는 통신망

4. 두 손을 각각 다른 쪽 소매 속에 마주 넣거나, 두 팔을 끼어 반대쪽 겨드랑이 밑으로 두는 것은?

   [힌트 ○○ 끼고 그리 뚱한 표정으로 있으니 무슨 걱정이라도 있니?]

5. 잠을 자거나 누울 때 머리를 괴는 것은?

초성 퀴즈
사자성어

그는 칠흑 같은 ㅈㅍㄴㄷ 의 어둠 속에서 구조대를 기다리며 버티었다.

  마흔아홉째 날 퍼즐은 ___월 ___일

가로 열쇠

→

1. 추위를 막기 위해 목에 두르는 것은?

2. 말이나 소리로 자신의 생각을 끊임없이 되풀이하는 것은?

[**힌트** 밥 먹은 지 얼마나 됐다고 간식 ○○이니?]

3. 개구리와 비슷한데 몸집이 좀 더 크고, 등에는 우툴두툴하게 튀어나온 돌기가 있는 동물은?

4. 몸을 담그고 씻을 수 있도록 물을 받는 용기는?

5. 흥미가 끌리고 주의를 기울이게 되는 마음은?

[**유의어** 흥미] [**반의어** 무관심]

세로 열쇠

1. 사람을 홀리기도 하고 짓궂은 장난을 친다고 알려진 우리나라 귀신은?

[**힌트** 머리에 뿔이 달린 모습으로 전래동화에 등장해요.]

2. 새 가운데 가장 크며, 날지 못하나 매우 빠르게 달릴 수 있어요.

3. 욕심이 많은 사람을 낮잡아 이르는 말은?

4. 남이 시키는 것을 해 주는 일

초성 퀴즈
사자성어

지난 경기에서 패배한 후, 국가대표 팀은 ㅊㅅㅍㄱ 의 정신으로 훈련에 더욱 몰두했다.

 쉰째 날 퍼즐은 ___월 ___일

 가로 열쇠

→

1. 다리를 마음대로 움직일 수 없을 때, 앉은 채로 이동할 수 있도록 바퀴를 단 의자는?

2. 중생대 쥐라기와 백악기에 번성했던 거대한 파충류는?
   [힌트 티라노사우르스, 벨로시랩터]

3. 어떤 생각이나 행동을 오랫동안 되풀이하며 저절로 익혀진 방식
   [힌트 나쁜 ○○은 초기에 고쳐야 한다.] [유의어 버릇]

4. 울음소리는 '메애'하고 양과 비슷하지만 양만큼 털을 이용하지는 않아요. 수컷은 뿔이 나고 턱 밑에 긴 수염이 있어요.

5. 한쪽 다리를 손으로 잡고 외다리로 뛰며 상대를 밀어 넘어뜨리는 놀이는?

 세로 열쇠

1. 학교를 벗어나 다양한 장소에서 놀이와 학습을 체험하는 활동은?

2. 여러 사람 또는 단체에 공동으로 속하여 이용되는 장소는?
   [힌트 병원, 학교, 지하철역, 공원 등이 있어요.]

3. 눈덩이를 뭉쳐 던지며 서로 맞히는 놀이는?

초성 퀴즈

사자성어

그 배우는 오랜 무명 시절 끝에 연기력을 인정받은
ㄷㄱㅁㅅ 의 표본이다.

찾아보기

NO	퍼즐	쪽	어휘
1	9	22	가슴
2	9	22	가야금
3	9	22	가위
4	26	56	가위바위보
5	26	56	가족
6	8	20	간장
7	32	68	간지럼
8	46	96	갈매기
9	1	6	감기
10	10	24	갑옷
11	12	28	강아지
12	7	18	개과천선
13	1	6	개구리
14	40	84	개구쟁이
15	3	10	개나리
16	15	34	개울
17	18	40	거북이
18	22	48	거울
19	36	76	거짓말
20	37	78	겨울잠
21	38	80	결석
22	43	90	결승전
23	38	80	결혼식
24	27	58	경로당
25	40	84	경쟁
26	27	58	계단
27	5	14	고드름
28	9	22	고슴도치
29	32	68	고양이
30	4	12	고인돌
31	16	36	골목
32	1	6	골키퍼
33	37	78	곰팡이
34	50	104	공공장소
35	4	12	공깃돌
36	50	104	공룡
37	23	50	공작새
38	19	42	공통점

NO	퍼즐	쪽	어휘
39	4	12	공항
40	49	102	관심
41	44	92	관현악
42	47	98	구급차
43	40	84	구두쇠
44	5	14	구름사다리
45	3	10	구명조끼
46	33	70	국수
47	27	58	군고구마
48	29	62	궁궐
49	20	44	귀뚜라미
50	15	34	귀마개
51	11	26	귓속말
52	19	42	그늘
53	19	42	그림일기
54	45	94	그림자
55	14	32	글씨
56	30	64	금강산
57	18	40	금붕어
58	22	48	기둥
59	13	30	기린
60	38	80	기준
61	40	84	기지개
62	24	52	까마귀
63	22	48	껍데기
64	24	52	꼬까신
65	4	12	꽃나무
66	18	40	꽃봉오리
67	28	60	꾀꼬리
68	43	90	꿀벌
69	36	76	끝말잇기
70	36	76	끝인사
71	1	6	나들이
72	4	12	나무꾼
73	4	12	나뭇가지
74	4	12	나비
75	20	44	나이테
76	4	12	나팔꽃

찾아보기

NO	퍼즐	쪽	어휘
77	45	94	난간
78	45	94	난로
79	32	68	냉장고
80	42	88	널뛰기
81	13	30	노루
82	40	84	노른자
83	40	84	노부부
84	42	88	노약자석
85	41	86	눈물
86	30	64	눈사람
87	50	104	눈싸움
88	30	64	눈썹
89	41	86	눈웃음
90	8	20	다람쥐
91	20	44	다리미
92	24	52	다이빙
93	8	20	다짐
94	27	58	단군
95	38	80	단추
96	37	78	달팽이
97	50	104	닭싸움
98	24	52	당나귀
99	49	102	도깨비
100	41	86	도넛
101	34	72	도둑
102	9	22	도서관
103	41	86	도시락
104	17	38	도자기
105	8	20	도장
106	3	10	도토리
107	34	72	독도
108	36	76	돋보기
109	24	52	돌하르방
110	1	6	돗자리
111	2	8	동그라미
112	49	102	두꺼비
113	15	34	둥지
114	44	92	들판

NO	퍼즐	쪽	어휘
115	2	8	등대
116	9	22	딱따구리
117	9	22	딱지치기
118	29	62	땔나무
119	37	78	떡볶이
120	31	66	또박또박
121	21	46	뙤약볕
122	27	58	마당
123	16	36	마지막
124	40	84	막대기
125	29	62	만두
126	29	62	만세
127	36	76	만약
128	36	76	만화
129	11	26	말똥말똥
130	23	50	매미
131	23	50	매표소
132	3	10	메아리
133	19	42	명령
134	19	42	명절
135	30	64	모기
136	46	96	모래
137	10	24	모자이크
138	49	102	목도리
139	27	58	목장
140	2	8	무궁화
141	3	10	무지개
142	38	80	문지기
143	44	92	문화재
144	1	6	물감
145	35	74	물방울
146	31	66	물음표
147	12	28	뭉게뭉게
148	12	28	뭉치
149	10	24	미끄럼틀
150	10	24	미래
151	35	74	민속촌
152	12	28	바가지

찾아보기

NO	퍼즐	쪽	어휘
153	12	28	바게트
154	42	88	바늘
155	33	70	바둑알
156	25	54	바리스타
157	33	70	바위
158	42	88	바퀴
159	6	16	박물관
160	15	34	반딧불이
161	15	34	반죽
162	19	42	받아쓰기
163	20	44	발레
164	20	44	발명
165	25	54	발바닥
166	17	38	발자국
167	45	94	방귀
168	31	66	뱃사공
169	48	100	번개
170	48	100	번데기
171	48	100	베개
172	48	100	베짱이
173	20	44	별명
174	20	44	별자리
175	47	98	병아리
176	25	54	병원
177	47	98	보건실
178	34	72	보름달
179	41	86	보물
180	47	98	보온병
181	41	86	보자기
182	37	78	볶음밥
183	18	40	봉숭아
184	40	84	부뚜막
185	27	58	부엉이
186	27	58	부채
187	21	46	북극곰
188	18	40	북한
189	6	16	불가사리
190	11	26	불고기

NO	퍼즐	쪽	어휘
191	7	18	불꽃놀이
192	11	26	불똥
193	38	80	비상구
194	47	98	비지땀
195	28	60	비커
196	7	18	빨간색
197	7	18	빨대
198	47	98	빨랫비누
199	13	30	뻐꾸기
200	6	16	뿌리
201	19	42	사계절
202	15	34	사냥꾼
203	31	66	사또
204	15	34	사마귀
205	6	16	사물함
206	35	74	사진
207	35	74	사촌
208	23	50	산더미
209	28	60	산책
210	5	14	삼각형
211	17	38	상처
212	46	96	새싹
213	23	50	새우
214	7	18	색연필
215	1	6	색종이
216	26	56	샌드위치
217	26	56	샌들
218	48	100	선인장
219	22	48	설거지
220	15	34	성냥
221	32	68	성큼성큼
222	26	56	세종대왕
223	9	22	소금
224	18	40	소금쟁이
225	20	44	소나기
226	9	22	소방관
227	35	74	속담
228	27	58	손목시계

찾아보기

NO	퍼즐	쪽	어휘
229	11	26	솜사탕
230	44	92	솜씨
231	20	44	솥뚜껑
232	33	70	수건
233	33	70	수수께끼
234	13	30	수영
235	35	74	숙제
236	22	48	숨바꼭질
237	22	48	숨은그림찾기
238	17	38	슈바이처
239	25	54	스케치북
240	50	104	습관
241	32	68	시간표
242	23	50	시소
243	44	92	식판
244	2	8	신호등
245	43	90	심벌즈
246	49	102	심부름
247	41	86	심장
248	43	90	심통
249	14	32	싱글벙글
250	13	30	쌀국수
251	19	42	쓰레기통
252	46	96	쓰레받기
253	46	96	쓰임새
254	44	92	씨앗
255	29	62	아궁이
256	13	30	아코디언
257	18	40	악수
258	18	40	악어
259	39	82	안개꽃
260	39	82	안경
261	46	96	안전모
262	16	36	알갱이
263	33	70	알레르기
264	27	58	앞치마
265	37	78	애국가
266	37	78	애벌레

NO	퍼즐	쪽	어휘
267	28	60	액자
268	29	62	앵두
269	29	62	앵무새
270	38	80	야단법석
271	11	26	약속
272	42	88	약탕기
273	2	8	양궁
274	32	68	양말
275	34	72	양보
276	21	46	양심
277	21	46	양치
278	25	54	양치기
279	39	82	어깨동무
280	10	24	얼룩말
281	10	24	얼음
282	41	86	얼음낚시
283	12	28	에베레스트산
284	34	72	엘리베이터
285	30	64	여왕개미
286	17	38	여의주
287	31	66	연날리기
288	40	84	열쇠
289	50	104	염소
290	24	52	옆구르기
291	39	82	예의
292	5	14	오징어
293	17	38	오토바이
294	47	98	온실
295	11	26	올림픽
296	11	26	올챙이
297	6	16	외나무다리
298	34	72	외딴길
299	5	14	외삼촌
300	33	70	요구르트
301	36	76	요리사
302	36	76	요약
303	33	70	요일
304	49	102	욕심쟁이

찾아보기

NO	퍼즐	쪽	어휘
305	49	102	욕조
306	26	56	용돈
307	26	56	용왕
308	23	50	우산
309	48	100	우주선
310	48	100	우편함
311	25	54	운동선수
312	2	8	운동화
313	43	90	운동회
314	43	90	운전사
315	15	34	울긋불긋
316	35	74	울타리
317	32	68	움큼
318	8	20	원숭이
319	45	94	위로
320	6	16	유관순
321	25	54	유조선
322	25	54	유치원
323	16	36	윷놀이
324	5	14	은행잎
325	21	46	음악가
326	47	98	응급실
327	6	16	이불
328	27	58	이삭
329	30	64	이산가족
330	8	20	이삿짐
331	16	36	이순신
332	24	52	이웃집
333	12	28	이집트
334	34	72	인도
335	48	100	인터넷
336	34	72	인터뷰
337	5	14	인형
338	38	80	자동문
339	39	82	자랑
340	28	60	잠꼬대
341	37	78	잠옷
342	10	24	장갑

NO	퍼즐	쪽	어휘
343	16	36	장마철
344	7	18	전망대
345	43	90	전시회
346	18	40	전쟁
347	43	90	전학
348	45	94	점심시간
349	45	94	점자책
350	45	94	접시
351	21	46	정약용
352	31	66	정원사
353	14	32	제기차기
354	4	12	제비
355	2	8	제비뽑기
356	14	32	제주도
357	42	88	조수석
358	30	64	족집게
359	26	56	종이컵
360	17	38	주렁주렁
361	11	26	주사위
362	17	38	주차장
363	2	8	준비물
364	38	80	준비운동
365	13	30	줄넘기
366	13	30	줄다리기
367	39	82	줄무늬
368	30	64	지게
369	35	74	지구
370	16	36	지렁이
371	34	72	지름길
372	30	64	지우개
373	35	74	지진
374	7	18	지팡이
375	16	36	지하철
376	39	82	진눈깨비
377	3	10	진돗개
378	39	82	진짜
379	23	50	짐작
380	5	14	징검다리

찾아보기

NO	퍼즐	쪽	어휘
381	22	48	쨍그랑
382	45	94	책가방
383	28	60	책갈피
384	15	34	천둥
385	7	18	천만다행
386	31	66	천연기념물
387	10	24	천자문
388	32	68	첨성대
389	22	48	청둥오리
390	3	10	청진기
391	50	104	체험학습
392	16	36	초대장
393	35	74	축구
394	35	74	축제
395	28	60	커튼
396	10	24	케이크
397	33	70	코끼리
398	30	64	코스모스
399	13	30	코코아
400	8	20	콧구멍
401	8	20	콧노래
402	8	20	콩나물
403	8	20	콩쥐팥쥐
404	49	102	타령
405	21	46	타악기
406	49	102	타조
407	21	46	태극기
408	46	96	털갈이
409	3	10	토끼
410	3	10	토마토
411	19	42	통조림
412	14	32	트라이앵글
413	12	28	트럭
414	48	100	팔짱
415	24	52	퐁당
416	31	66	표정
417	44	92	표지판
418	42	88	풍선

NO	퍼즐	쪽	어휘
419	42	88	풍차
420	1	6	피노키오
421	13	30	피아노
422	28	60	피자
423	29	62	한반도
424	29	62	한숨
425	6	16	함박눈
426	43	90	해결
427	14	32	해바라기
428	14	32	해적
429	36	76	햄버거
430	5	14	행복
431	18	40	허수아비
432	37	78	헐레벌떡
433	44	92	현관문
434	41	86	호기심
435	46	96	홍길동전
436	3	10	홍당무
437	46	96	홍시
438	44	92	화살표
439	23	50	회오리바람
440	16	36	회전목마
441	23	50	휘파람
442	50	104	휠체어
443	39	82	흔들의자

정답

p. 7

		¹개			
		구		²나	
¹돗	자	리		들	
		²색	종	이	
		³골			
³피	노	키	오	⁴물	
		퍼		⁴감	기

일석이조

p. 9

	¹준				
¹제	비	뽑	기		²양
	물			²무	궁	화
³운					
³동	그	라	미		
화			⁴신	호	⁴등
					대

십년지기

p. 11

¹홍	당	¹무		²메		
		지		아		³구
		²개	나	리		명
⁴청						조
³진	돗	개		⁵토	끼	
기				마		
			⁵도	토	리	

감언이설

p. 13

¹나	뭇	가	지			
팔					²나	
²꽃	³나	무			³제	비
	무					
	꾼			⁴공	항	
				깃		
			⁵고	인	돌	

삼삼오오

p. 15

¹외	¹삼	촌			²구
	각		²고	드	름
³인	형				사
		³오			다
⁴은		⁴징	검	다	리
⁵행	복	어			
잎					

용두사미

p. 17

¹이					
¹불	가	²사	리		
		물			⁴외
		²함	³박	눈		나
			물			무
			³유	관	순		다
					⁴뿌	리

설상가상

112

정답

p. 19

	¹개	과	¹천	선		
			만			
		²전	다		³불	
		망		행		꽃
²⁄₄빨	대					놀
간			³지	팡	이	
⁴색	연	필				

천고마비

p. 21

			¹원	숭	¹이	
²콧	노	래			샷	
구				³다	짐	
멍				람		
	⁴콩	쥐	팥	쥐		
	나					⁵간
	물				⁵도	장

조삼모사

p. 23

¹딱	따	구	리		
지			²가		
치		²고	슴	³도	치
기				서	
			³⁄₄소	방	관
	⁴⁄₅가	야	금		
	위				

살신성인

p. 25

¹장	갑				²케	
	옷		³천		이	
		²모	자	이	크	
	³⁄₄얼	음	문			
	룩					
	말		⁴⁄₅미	끄	럼	틀
			래			

산전수전

p. 27

¹⁄₄올	림	픽		²약	
챙			²귓	속	³말
이					똥
		⁴솜			말
	³주	사	위	⁴⁄₅불	똥
		탕		고	
				기	

유비무환

p. 29

		¹이	집	¹트		²에
				럭		베
	²뭉	게	³뭉	게		레
			치			스
			³바	게	트	
			가		산	
		⁴강	아	지		

주객전도

113

정답

p. 31

		¹뻐		¹쌀	국	²수
		꾸				영
²³줄	넘	기				
	다			³아	⁴코	디	언
	리				코		
⁴기	린		⁵피	아	⁵노	
					루	

새옹지마

p. 33

¹¹제	주	도			
기				³트	
차		²²해	바	라	기
기		적		이	
				앵	
		⁴싱	글	벙	글
		씨			

포복절도

p. 35

		¹성			
	¹²사	냥	꾼		
	마			²³반	죽
	³귀	마	⁴개	딧	
			⁴울	굿	불	굿
⁵천				이	
⁵둥	지				

토사구팽

p. 37

		¹골		²윷
¹회	전	목	³마	놀
			²지	렁	이
			막	
³초	대	⁴장		⁵알
		마		갱
⁴지	하	철		⁵이	순	신

선견지명

p. 39

	¹¹주	차	장		
	렁				
²여	의	주		²오	
		렁		토		³상
	⁴발		³슈	바	이	처
⁴도	자	기		이	
	국				

약육강식

p. 41

		¹전		²거
¹소	³금	쟁	이	²북	한
	붕			이
³⁴악	어			
수		⁴꽃	⁵봉	오	리
			숭	
		⁵허	수	아	비

천군만마

정답

p. 43

			¹그	늘		
	²통	조	림			
			일			²사
³받	아	³쓰	기			계
		레		⁴명	절	
		기		령		
	⁵공	통	점			

형설지공

p. 45

¹소	나	기				
	이		²별	자	리	
	테	³발	명			
		레			⁴다	
			⁵솥		리	
			⁴귀	뚜	라	미
			껑			

역지사지

p. 47

¹양	심		²북		
치		²태	극	기	
			곰		
		³타			
	³음	악	가	⁴정	
		기		⁴뙤	약	볕
				용		

안빈낙도

p. 49

	¹설					
¹거	울				²껍	
지			³쨍		데	
	²⁴숨	은	그	림	찾	기
	바		랑			
	꼭			⁵기		
	질		³청	둥	오	리

군계일학

p. 51

		¹짐			
¹공	작	²새		³회	
		²우	⁴산		오
			더		리
		³매	미		바
		⁵표		⁴휘	파	람
	⁵시	소			

인산인해

p. 53

	¹퐁	당				
²꼬		나		³옆		
²까	마	귀		구		
신			³돌	하	르	방
	⁴다				기	
	⁴이	웃	집			
	빙					

오비이락

정답

p. 55

진퇴양난

크로스워드 정답:
- 발바닥
- 바리
- 양
- 스케치북
- 타기
- 병
- 유치원
- 조
- 운동선수

p. 57

백전백승

- 세종이컵
- 대
- 용왕
- 샌들
- 돈
- 드
- 가위바위보
- 족
- 치

p. 59

다재다능

- 부엉이
- 채
- 삭
- 마
- 손
- 경로당
- 목장
- 시
- 앞
- 계단
- 치
- 군고구마

p. 61

무위도식

- 비
- 커튼
- 잠
- 꾀꼬리
- 산책
- 대
- 갈
- 피
- 액
- 피자

p. 63

일편단심

- 한숨
- 반도
- 아궁이
- 땔
- 궐
- 나
- 앵무새
- 만두
- 세

p. 65

과유불급

- 이
- 여왕
- 금강산
- 가
- 지우개
- 족집게
- 미
- 눈썹
- 사람
- 코스모스
- 기

116

정답

p. 67

이실직고

p. 69

부귀영화

p. 71

임기응변

p. 73

인과응보

p. 75

호가호위

p. 77

주경야독

정답

p. 79

	¹애	국	가		
	벌		²겨	울	³잠
³헐	레	벌	떡		옷
	³떡				⁴달
	⁴볶	음	밥		팽
	이		⁵곰	팡	이

권선징악

p. 81

¹기			²자		
¹준	²비	운	동		
	상		²문	지	기
	구				
				³결	혼 식
		⁴야	⁵단	법	석
			추		

희로애락

p. 83

¹¹안	경		²²진	짜	
개			눈		³줄
꽃		³어	깨	동	무
			비		늬
		⁴예			
⁴흔	들	의	⁵자		
			랑		

위풍당당

p. 85

	¹기				
	지		²경		
	¹개	구	쟁	이	³구
					두
²⁴노	부	⁵부		³열	쇠
른		뚜			
자		⁴막	대	기	

심기일전

p. 87

			¹얼		
	²눈	웃	음		
	²³보	물	낚		
	자		시		
³호	기	⁴심			
		장	⁴⁵도	시	락
			넛		

감개무량

p. 89

¹¹바	늘			²조	
퀴				수	
		²노	³약	자	석
			탕		
		³널	뛰	기	
				⁴풍	차
				선	

작심삼일

정답

p. 91

	¹심	통			
²꿀	벌				
	즈			³²전	학
				시	
	³해		⁴⁴운	동	회
		⁵결	승	전	
			사		

견원지간

p. 93

	¹관	¹현	악		
		관			
			²²문	²화	재
			살		
³솜	³씨		⁴표	지	판
	앗				⁴들
				⁵식	판

기고만장

p. 95

	¹난	간			
²위	로		²그		
			림		
		³³점	자	⁴책	
		심		가	
		⁴접	시	⁵방	귀
			간		

풍전등화

p. 97

		¹털			
	¹갈	매	기		
		이		²홍	시
				길	
³³쓰	레	받	기	동	
임			⁴안	전	⁴모
⁵새	싹				래

학수고대

p. 99

¹빨	랫	¹비	누		
		지		²구	
		땀	²응	급	실
				차	
	³³보	온	⁴병		
		건	아		
⁴온	실		리		

이열치열

p. 101

¹¹우	편	함			
주				²²번	개
³선	³인	장		데	
	터			기	
	넷		⁴팔		
			⁴⁵베	짱	이
			개		

질풍노도

p. 103

목	도	리		
	깨		타	령
두	꺼	비	욕	조
			심	
관	심		쟁	
	부		이	
	름			

칠전팔기

p. 105

휠	체	어		공	
	험			공	룡
	학			장	
	습	관		염	소
			눈		
		닭	싸	움	
			움		

대기만성